必勝貼紙 P5

磨練身心	利他感恩	絕不放棄
磨練身心	利他感恩	絕不放棄
磨練身心	利他感恩	絕不放棄
磨練身心	利他感恩	絕不放棄
磨練身心	利他感恩	絕不放棄
磨練身心	利他感恩	絕不放棄

故事六要素貼紙 P13

目標	阻礙
目標	阻礙
目標	阻礙
目標	阻礙
嘗試	意外
嘗試	意外
嘗試	意外
嘗試	意外
轉折	結局
轉折	結局
轉折	結局
轉折	結局

分合貼紙 P17

分	分	分	分	分
合	合	合	合	合

分合事件貼紙 P17

尚書想得到出雲石，把邢雲飛關進大牢。	老翁把出雲石送給邢雲飛。	跳進河裡，重新找回出雲石。
惡霸搶走出雲石，出雲石掉進河裡。	邢雲飛在河裡找到出雲石。	老翁要邢雲飛歸還出雲石。
夢見出雲石要邢雲飛把它買回家。	縣太爺把出雲石判給邢雲飛。	小偷把出雲石偷走。

U0068166

品名：貼紙
產地：臺灣
材質：銅版紙
適用年齡：8 歲以上
製造商：龍璟興業股份有限公司
電話：02-2995-6922
地址：241 新北市三重區中興北街 42 巷 19 號
統一編號：34519741
委託製造商：親子天下股份有限公司
地址：104 臺北市中山區建國北路一段 96 號 4 樓
電話：02-2509-2800
統一編號：24953885
使用方法：使用前務必詳細閱讀書中說明。

警告及注意事項：

- 本產品內含小物件，不適合 3 歲以下兒童使用。
- 本產品遇熱會燃燒，請遠離火源，以免發生危險。
- 配件請勿放入口中，以免誤食，並需在成年人直接監護下使用。
- 本產品包裝塑膠袋請拆除後丟棄，以免發生窒息危險。

R35785
2211021

角色貼紙 1 P21

敘述五要素貼紙 P22

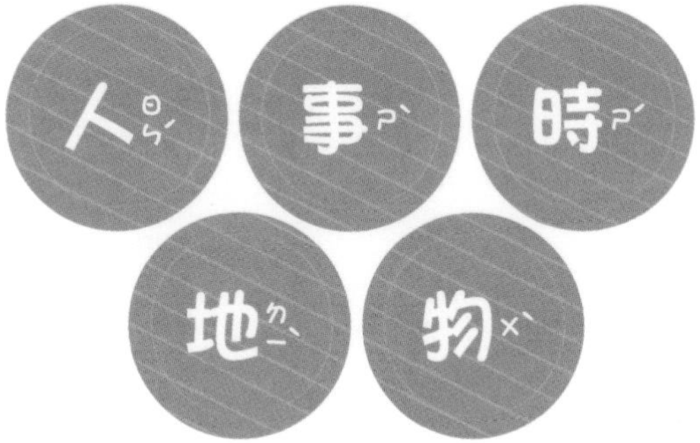

考驗貼紙 P31

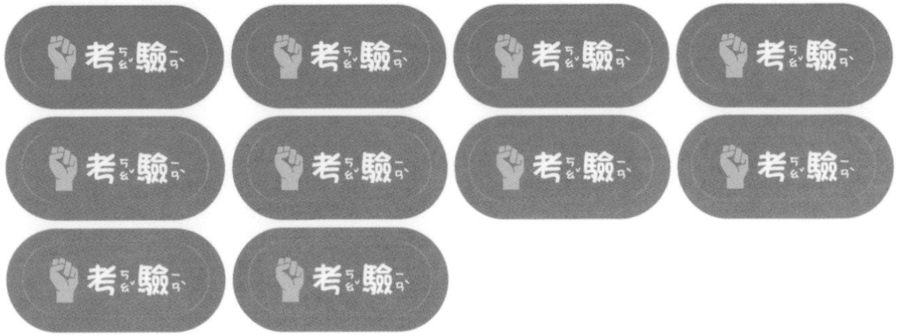

角色貼紙 2 P35

角色貼紙 3 P36

人物貼紙 P42

文具角色貼紙 P48

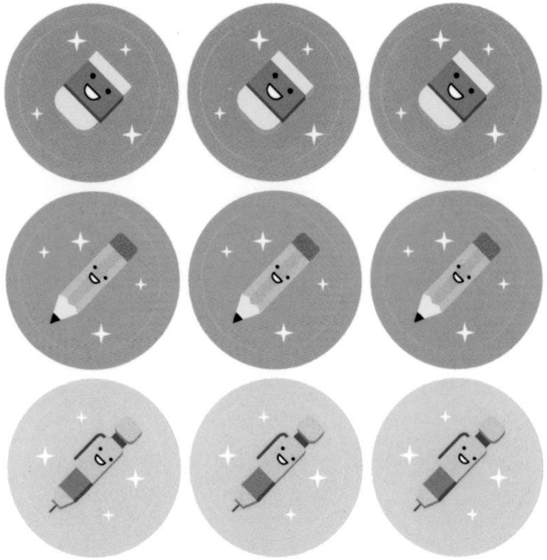

品名：貼紙
產地：臺灣
材質：銅版紙
適用年齡：8 歲以上
製造商：龍璟興業股份有限公司
電話：02-2995-6922
地址：241 新北市三重區中興北街 42 巷 19 號
統一編號：34519741
委託製造商：親子天下股份有限公司
地址：104 臺北市中山區建國北路一段 96 號 4 樓
電話：02-2509-2800
統一編號：24953885
使用方法：使用前務必詳細閱讀書中說明。

警告及注意事項：

· 本產品內含小物件，不適合 3 歲以下兒童使用。
· 本產品遇熱會燃燒，請遠離火源，以免發生危險。
· 配件請勿放入口中，以免誤食，
並需在成年人直接監護下使用。
· 本產品包裝塑膠袋請拆除後丟棄，
以免發生窒息危險。

R35785
2211021

溫美玉的12堂讀寫趴

給孩子的學習本

使用說明

❶ 先搭配學習手冊，了解活動的進行方式。

❷ 再依照文字敘述，
一步一步完成頁面活動。

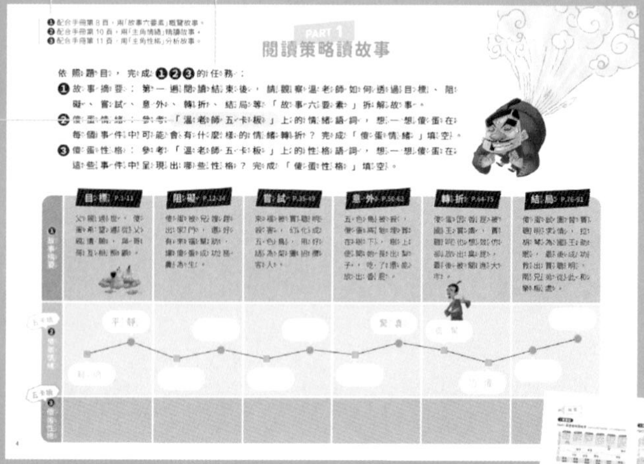

❸ 依照指示使用附件的
紙卡或貼紙。

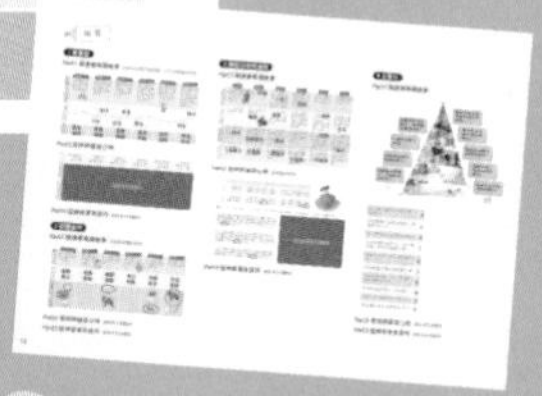

❹ 完成後，
可以參考解答核對。

目錄

一個傻蛋賣香屁

❶ 配合家長手冊第 8 頁，用「故事六要素」概覽故事。
❷ 配合家長手冊第 10 頁，用「主角情緒」精讀故事。
❸ 配合家長手冊第 11 頁，用「主角性格」分析故事。

PART 1 閱讀策略讀故事

依照題目，完成❶❷❸的任務：

❶ 故事摘要：第一遍閱讀結束後，請觀察溫老師如何透過目標、阻礙、嘗試、意外、轉折、結局等「故事六要素」拆解故事。

❷ 傻蛋情緒：參考「溫老師五卡板」上的情緒語詞，想一想傻蛋在每個事件中可能會有什麼樣的情緒轉折？完成「傻蛋情緒」填空。

❸ 傻蛋性格：參考「溫老師五卡板」上的性格語詞，想一想傻蛋在這些事件中呈現出哪些性格？完成「傻蛋性格」填空。

	目標 P.1-11	阻礙 P.12-34	嘗試 P.35-49	意外 P.50-63	轉折 P.64-75	結局 P.76-91
❶ 故事摘要	父親過世，傻蛋希望遵從父親遺願，與哥哥互相照顧。	傻蛋被兄嫂趕出家門，還好有來福幫助，讓傻蛋成功務農為生。	來福被賈聰明殺害，幻化成五色鳥，用好話為菜攤招攬客人。	五色鳥被殺，傻蛋將牠埋葬在樹下，樹上便開始長出梨子，吃了還能放出香屁。	傻蛋因香屁被國王賞識，賈聰明也想效仿卻放出臭屁，最後被關進大牢。	傻蛋試圖替賈聰明求情，拉胡琴為國王助眠，最後成功救出賈聰明，兩兄弟從此和樂相處。
五卡板 ❷ 傻蛋情緒	平靜、難過			驚喜	震驚、恐懼	
五卡板 ❸ 傻蛋性格						

❶配合家長手冊第 12 頁，傻蛋的成功哲學。
❷配合家長手冊第 14 頁，思辨心得寫一寫。

PART 2

思辨評論寫心得

依照題目，完成❶❷的任務：

❶ 必勝絕招：請再次閱讀故事，想一想傻蛋在六要素中的作為符合三種必勝絕招中哪一項？將附件「必勝貼紙」貼到書中相應段落旁。接著，回到學習本完成下方必勝絕招的勾選。

❷ 思辨心得：完成「思辨心得」的短文填空。

	目標 P.1-11	阻礙 P.12-34	嘗試 P.35-49	意外 P.50-63	轉折 P.64-75	結局 P.76-91
故事摘要	父親過世，傻蛋希望遵從父親遺願，與哥哥互相照顧。	傻蛋被兄嫂趕出家門，還好有來福幫助，讓傻蛋成功務農為生。	來福被賈聰明殺害，幻化成五色鳥，用好話為菜攤招攬客人。	五色鳥被殺，傻蛋將牠埋葬在樹下，樹上便開始長出梨子，吃了還能放出香屁。	傻蛋因香屁被國王賞識，賈聰明也想效仿卻放出臭屁，最後被關進大牢。 	傻蛋試圖替賈聰明求情，拉胡琴為國王助眠，最後成功救出賈聰明，兩兄弟從此和樂相處。
❶必勝絕招	□磨練身心 □利他感恩 □絕不放棄	□磨練身心 □利他感恩 □絕不放棄	□磨練身心 □利他感恩 □絕不放棄	□磨練身心 □利他感恩 □絕不放棄	□磨練身心 □利他感恩 □絕不放棄	□磨練身心 □利他感恩 □絕不放棄

❷思辨心得

我在書中第 36-37 頁找到了傻蛋的必勝絕招第一招「磨練身心」。從＿＿＿＿＿＿＿＿這件事情，我知道傻蛋已經學會要怎麼面對難過了。我也在書中第＿＿＿＿頁找到了傻蛋的必勝絕招第二招「利他感恩」，這件事情是＿＿＿＿＿＿＿＿，從這件事，我知道不管哥哥怎麼對待他，他總是心存善念，並且感激上天給他的機會。我從書中第＿＿＿＿頁找到了傻蛋的必勝絕招第三招「絕不放棄」，這件事情是＿＿＿＿＿＿＿＿，我知道傻蛋就算遇到困難也絕對不會放棄。從以上三件事，我推論傻蛋是個＿＿＿＿又＿＿＿＿的人。

PART 3

延伸故事來寫作

根據下面的提示語回想故事內容，空白的地方應該填入什麼，請你寫出來。

讀完這本書，我覺得傻蛋其實不傻而是很聰明的。因為當________把他和來福趕出去時，傻蛋不會抱怨哥哥搶了全部的財產，也不會責怪爸爸不公平，而是和來福一起________。來福變成五色鳥以後，傻蛋和五色鳥一起到市場________________。這讓我發現，傻蛋遇到困難的時候，他不會________，而是每次都想出辦法來解決。

可是，傻蛋的哥哥賈聰明就不一樣了，可以看出他的性格是________和________的。賈聰明看到傻蛋成功時，他心裡一定想著：「________________」於是他也學傻蛋賣香屁，可是因為他________________，所以他就失敗了。

我有一個學習________的經驗。過程和傻蛋一樣都遇到了困難，一直學不會。那時候，我的心情很________，後來我繼續努力／決定放棄，現在________。傻蛋的故事讓我知道，下次在面對困難的事情時，要________性格，還要________性格，這樣成功才會一直跟隨著你。

狐狸金杯

❶ 配合家長手冊第 21 頁，用「故事六要素」概覽故事。
❷ 配合家長手冊第 23 頁，用「主角性格」分析故事。
❸ 配合家長手冊第 24 頁，精采插圖來尋寶。

PART 1
閱讀策略讀故事

依照題目，完成❶❷❸的任務：

❶ 故事摘要：第一遍閱讀結束後，親子可以透過問題討論的方式，嘗試自己分析「故事六要素」。

❷ 殷士儋性格：參考「溫老師五卡板」上的性格語詞，想一想，殷士儋在故事六要素的事件中，展現出哪些性格？請寫下來。

❸ 出現的動物：請根據下面的頁數提示，回到書中搜尋插圖，圈出你在該事件中曾看到的動物。

五卡板

	目標 P.1-24	阻礙 P.25-31	嘗試 P.32-47	意外 P.48-57	轉折 P.58-65	結局 P.66-77
❶ 故事摘要	殷士儋要證明自己敢到大宅院過夜。	殷士儋沒想到居然真的會有人到大宅院來。 	殷士儋接受老翁邀請參加喜宴。	殷士儋偷偷的藏起了一個金杯。 	殷士儋發現金杯居然是朱家的傳家寶。	殷士儋把金杯還給真正的主人。
❷ 殷士儋性格						
❸ 出現的動物						

PART 2
思辨評論寫心得

請你想一想，傳統觀念中的鬼怪是什麼樣子？你在書中看到的鬼怪是什麼樣子？你心中認為的鬼怪又是什麼樣子？思考後完成下面的表格分類。最後，運用表格中的思考內容，完成底下的思辨心得短文。

外型

傳統	書中	我認為
披頭散髮 陰氣沉沉		

做的事

傳統	書中	我認為

給人的感覺

傳統	書中	我認為

性格

傳統	書中	我認為

看完這本書後，我發現原來鬼怪不是＿＿＿＿＿＿＿＿＿＿，而是＿＿＿＿＿＿＿＿＿＿。書中讓我最意想不到的情節是＿＿＿＿＿＿＿＿＿＿，因為＿＿＿＿＿＿＿＿＿＿。看完這本書，我想告訴大家，鬼怪是＿＿＿＿＿＿＿＿＿＿。

PART 3

延伸故事來寫作

請發揮創意，設計屬於自己的奇幻樂園。首先，畫出你心目中的遊樂園入口、美食攤位，以及最厲害的遊樂設施。接著，依循題目鷹架完成對它們的描述。

歡迎來到＿＿＿＿＿＿（名字）奇幻樂園，這座遊樂園的入口是用＿＿＿＿＿＿做成的，只要你伸手一摸，就會＿＿＿＿＿＿。接著你會聽到＿＿＿＿＿＿的聲音，這個聲音是從＿＿＿＿＿＿傳來的，如果你聽到這個聲音，表示＿＿＿＿＿＿＿＿＿＿＿＿。

抵達樂園後，最令人＿＿＿＿＿＿的就是「奇幻美食區」。這裡的奇幻特調飲料，名字叫做＿＿＿＿＿＿，是用＿＿＿＿＿＿、＿＿＿＿＿＿和＿＿＿＿＿＿製成的，味道就像＿＿＿＿＿＿。還有另一種奇幻美食叫做＿＿＿＿＿＿，它的成分有＿＿＿＿＿＿和＿＿＿＿＿＿，吃了以後，你就會＿＿＿＿＿＿。吃完美食後，我們快去玩玩看這裡的遊樂設施吧！

這裡最有名的遊樂設施是＿＿＿＿＿＿＿＿＿＿＿＿＿＿＿＿＿＿＿＿＿＿＿，看到它的人都會忍不住心想：「＿＿」

體驗過程中，你會感覺＿＿＿＿＿＿＿＿＿＿，

接著你會看到＿＿＿＿＿＿＿＿＿＿＿＿＿＿＿，

聞到＿＿＿＿＿＿＿＿＿＿＿＿＿＿＿。

再往園區裡面走，起初你會聽到＿＿＿＿＿＿＿＿的聲音，這時你可以＿＿＿＿＿＿＿＿＿＿＿＿＿＿＿，還可以＿＿＿＿＿＿＿＿＿＿＿＿＿＿＿，接著不可思議的事情發生了，＿＿。

這裡有太多奇妙的事了，讓人驚喜連連，趕快找朋友一起來體驗吧！

機智白賊闖通關

❶ 配合家長手冊第 33 頁，強化「故事六要素」。
❷ 配合家長手冊第 34 頁，辨識「故事六要素」。

PART 1

閱讀策略讀故事

依照題目，完成❶❷的任務：

❶ 下表為書中四個事件的故事六要素，請你找一找，表格內空缺的語詞是什麼，完成填空。

❷ 依頁數提示回到書中，嘗試自己辨識故事六要素，並將附件「故事六要素貼紙」貼在相應段落旁。

	目標	阻礙	嘗試	意外	轉折	結局
4-22 遇上黑心攤販	阿七覺得黑心攤販太可惡了，決定給他們一點教訓。	阿七被______驅趕。	阿七告訴攤販們，叔叔生日要請______桌客人。於是攤販們歡喜的送貨到阿七叔叔家。	叔叔發現阿七又說白賊，攤販圍在家門口要求______，非常生氣。	叔叔發現籃子底下的菜和肉都是壞掉的。	自認倒楣的攤販，把東西全部載走。
24-34 發熱的寶衣	阿七想平安度過被處罰的夜晚。	倉庫冷得阿七沒辦法______ ______。	阿七只好在______ ______裡一直跑，一直跑，跑得全身是汗。	叔叔不解阿七為什麼滿頭大汗，阿七順勢白賊，說自己穿的是會發熱的寶衣。	叔叔用______和一千元向阿七借寶衣，上山遊玩卻差點凍僵，才知道自己被騙。	叔叔要阿七把棉襖和錢還給他，但阿七已經把這些都給了______。
36-46 神奇的萬能袋	阿七苦惱如何還欠______的錢。	阿七遇到正在打劫老爺爺和小女孩的______ ______。	阿七說老爺爺有神奇的萬能袋，可以把東西變成______。	胖虎被阿七騙過好幾次，起初不相信有萬能袋。	阿七把______放進萬能袋，說它變成黃金了，要胖虎把頭伸進萬能袋看看。	阿七把胖虎困在袋子裡。為了感謝阿七，爺爺和女孩給他五千元和一顆______。
74-87 千里馬換萬里牛	阿七騎著牛，躲避______的捉拿。	後面追來了騎______的螃蟹將軍。	阿七說自己騎的是______，願意和螃蟹將軍交換。	阿七沒有將螃蟹將軍的話聽完，跳上______ ______，飛快的逃走了。	阿七發現自己根本不知道怎麼讓______停下來。	阿七在千里之外摔下馬，可能永遠回不了家。

❶ 配合家長手冊第 35 頁，機智白賊比一比。
❷ 配合家長手冊第 36 頁，思辨心得寫一寫。

PART 2

思辨評論寫心得

❶ 請從「出發點」、「性格」、「行動」三個向度出發，思考「機智」與「白賊」兩者之間的差別，並把你的想法圈起來。

	出發點	性格	行動
化解危機 機智	☑ 幫助別人 ☐ 利益自己	(冷靜) 勇敢 知足 善良 衝動 粗魯 貪心 邪惡	洞察 求助 (挑戰) 面對 等待 抱怨 逃避 攻擊
欺騙別人 白賊	☐ 幫助別人 ☐ 利益自己	冷靜 勇敢 知足 善良 衝動 粗魯 貪心 邪惡	洞察 求助 挑戰 面對 等待 抱怨 逃避 攻擊

❷ 看一看左邊的敘述，你覺得阿七是機智還是白賊呢？請圈出來，並完成右邊的短文。

在「遇上黑心攤販」的事件中，阿七看不慣黑心攤販欺騙民眾，因此告訴攤販家中要辦百人生日宴，讓他們白忙一場，從這件事可以看出來，阿七是機智／白賊的。

在「發熱的寶衣」事件中，阿七因為倉庫寒冷，只好跑步取暖，隔日叔叔見他滿頭大汗，阿七臨機一動說自己穿的是會發熱的寶衣，這個事件讓我覺得，阿七是機智／白賊的。

在「千里馬換萬里牛」事件中，阿七為躲避海龍王捉拿，告訴螃蟹將軍自己騎的是萬里牛，願與螃蟹將軍交換，我覺得阿七是機智／白賊的。

總結上述事件，我覺得阿七是一個＿＿＿＿＿的人，＿＿＿＿＿的人會有的性格應該是＿＿＿＿＿和＿＿＿＿＿，因為有一次，＿＿＿＿＿＿＿＿＿＿，我就＿＿＿＿＿＿＿＿＿＿。那次的事件讓我覺得自己也是一個＿＿＿＿＿的人，因為＿＿＿＿＿＿＿＿＿＿＿＿＿＿＿＿＿＿＿＿。

配合家長手冊第 38 頁，白賊七故事接寫。

PART 3

延伸故事來寫作

阿七從千里馬上摔下來後， 來到一個陌生的地方， 這個地方是哪裡？會有哪些奇遇呢？ 請你發揮想像， 試著延續阿七的故事。

阿七從千里馬上摔下來以後， 他來到了一個____________， 這個地方他從來都沒見到過， 這裡有____________、 有____________， 還有____________。 這裡住著的人， 臉上________________________， 身體上________________________， 他們都穿著______________________________。

聽說這個地方有個非常神奇的法寶， 這個法寶是________________。 如果有了它， 就可以______________________________。 阿七一直想要得到這個法寶， 所以他就____________________________________。

得到法寶後， 阿七說：「____」 而他做的第一件事______________________________________。

他想起龍王可能還會派人來捉他， 於是他決定____。

這樣做以後， 阿七就____。

從此以後， 阿七不但________________________， 而且________________________。

4

出雲石

❶配合家長手冊第 43 頁，貼出分合時刻。
❷配合家長手冊第 44 頁，分合事件總整理。
❸配合家長手冊第 45 頁，細數主角的惜物行爲。

PART 1
閱讀策略讀故事

依照題目，完成❶❷的任務：

❶邢雲飛與出雲石經歷了數次的分合，第一次讀《出雲石》時，不要忘了搭配附件中的「分合貼紙」，當讀到分合情節時，就用貼紙在書頁上做記號。

❷為加深印象，請依分合事件的發生順序，將附件中「分合事件貼紙」由下往上貼入下方空格（左邊是分、右邊是合）。

邢雲飛因為愛護出雲石而做出哪些事？將這些愛護行為的發生順序填入表格中。

衝出家門請求老翁把出雲石還給他。	
雕刻精美的紫檀木底座，把石頭擺上去。	
花了兩貫錢把出雲石買回家。	
用錦緞包起出雲石，小心藏起來，從此不讓別人看。	
寧願死也不把出雲石交給尚書。	
在河邊等出雲石再度露出來。	
追查出雲石的下落，和賣石頭的人鬧上衙門。	
邢雲飛和出雲石一起長眠。	
把出雲石藏在隱密的書房。	
願意減三年壽命得到出雲石。	

PART 2

思辨評論寫心得

邢雲飛對自己的寶貝——出雲石是那麼全心全意的付出和照顧。想一想，你的家人是不是也有自己的寶貝？他們是怎麼愛惜這個寶貝的呢？請你訪問家人，畫一畫，寫一寫，看看他們怎麼說。

　　我訪問的人是＿＿＿＿＿＿＿＿，他最喜愛的寶貝是＿＿＿＿＿＿＿＿＿＿＿＿。如果他的寶貝＿＿＿＿＿＿＿＿＿＿＿＿＿＿＿＿他就會＿＿＿＿＿＿＿＿＿＿＿＿＿＿＿＿。他也會幫寶貝＿＿＿＿＿＿＿＿和＿＿＿＿＿＿＿＿。他和寶貝之間最特別的一件事情是＿＿＿＿＿＿＿＿。他最想和寶貝說的一句話是＿＿＿＿＿＿＿＿＿＿＿＿＿＿＿＿＿＿＿＿＿＿＿＿＿＿＿＿＿＿＿。

配合家長手冊第 49 頁，出雲石的自述。

PART 3

延伸故事來寫作

邢雲飛和出雲石之間，經過了多次的分分合合。如果出雲石有生命，每次與邢雲飛分離的時候，它會怎麼想？會有什麼感受呢？和邢雲飛團圓的時候，它又會有什麼話想說呢？現在，請你想像自己就是那顆「出雲石」，寫一寫出雲石的一生。

一位名叫＿＿＿＿＿＿的人，潛到河裡發現了我。當他把我從河底的泥沙裡挖起來的時候，我感覺好像＿＿＿＿＿＿＿＿，我想對他說：＿＿＿＿＿＿＿＿＿＿＿＿＿＿＿＿＿＿＿＿。

我和主人分開了很多次，有一次，有個惡霸想把我搶走，那時我＿＿＿＿＿＿＿＿＿＿，當惡霸的僕人不小心讓我掉進河裡時，我覺得＿＿＿＿＿＿＿＿，還好主人再次找到我，重新把我帶回家中。

主人為了不讓我被別人奪走，他＿＿＿＿＿＿＿＿＿，當主人把我藏起來時，我覺得＿＿＿＿＿＿＿＿。我和主人分開過很多次，除了惡霸把我搶走之外，＿＿＿＿＿＿＿＿也想把我帶走。我還曾經被＿＿＿＿＿＿和＿＿＿＿＿＿搶走，還好，主人還是把我找回來了。

我覺得主人是一個＿＿＿＿＿（性格）的人，因為他＿＿＿＿＿＿＿＿＿＿＿＿＿，雖然我最後和主人一起被埋進土裡，但是我猜想或許有一天，還會有另一個人把我挖出來，這個人可能是＿＿＿＿＿＿＿，我和他還會再展開另一個新的故事。

5

生活大冒險系列

買菜大冒險

配合家長手冊第 54 頁，發現「對話」好厲害。

PART 1

閱讀策略讀故事

依照題目，完成❶❷的任務：

❶ 請對照《買菜大冒險》P.34-36，閱讀下方文章，看看有什麼不同。你會發現兩者內容一樣，只是一個是「對話」形式，另一個則是「敘述」的形式。經過比較，能看出以「對話」為主軸，會讓故事更貼近讀者。

❷ 請判斷下方文章中的敘述，原本屬於哪個角色的「對話」？將附件「角色貼紙 1」，貼到相應空格◯中。

我一走進菜市場，就踩到一個◯的腳。我不好意思的向他道歉。◯一看到我，就知道我是魔法公主的孫女的孫女的孫女。好久沒有見到面的◯也探出頭來，向我和媽媽打招呼。◯問我和媽媽為什麼最近沒有來買菜。◯不知道我已經長這麼大了，他顯得有些驚訝。長得像獨角獸的◯熱情的向我們推銷他的水果，我看到水果攤裡的每顆水果都跳了起來，好像在跟我招手，要我選它回家。長得像高麗菜的◯也向媽媽揮手，推銷起她的龍鬚菜。媽媽沒有看那些像龍一樣浮在空中的龍鬚菜，反而問起◯是否有賣彩虹。

配合家長手冊第 57 頁，判別「敘述五要素」。

PART 2
寫作技巧練習

❶「敘述五要素」包含：人、事、時、地、物，是組成文章的基本結構。本題將 PART1 的短文整理成網狀圖，請你看一看，這些摘要內容分別屬於人、事、時、地、物中的哪一項？把附件中的「敘述五要素貼紙」貼進空格◯裡，進行分類練習。

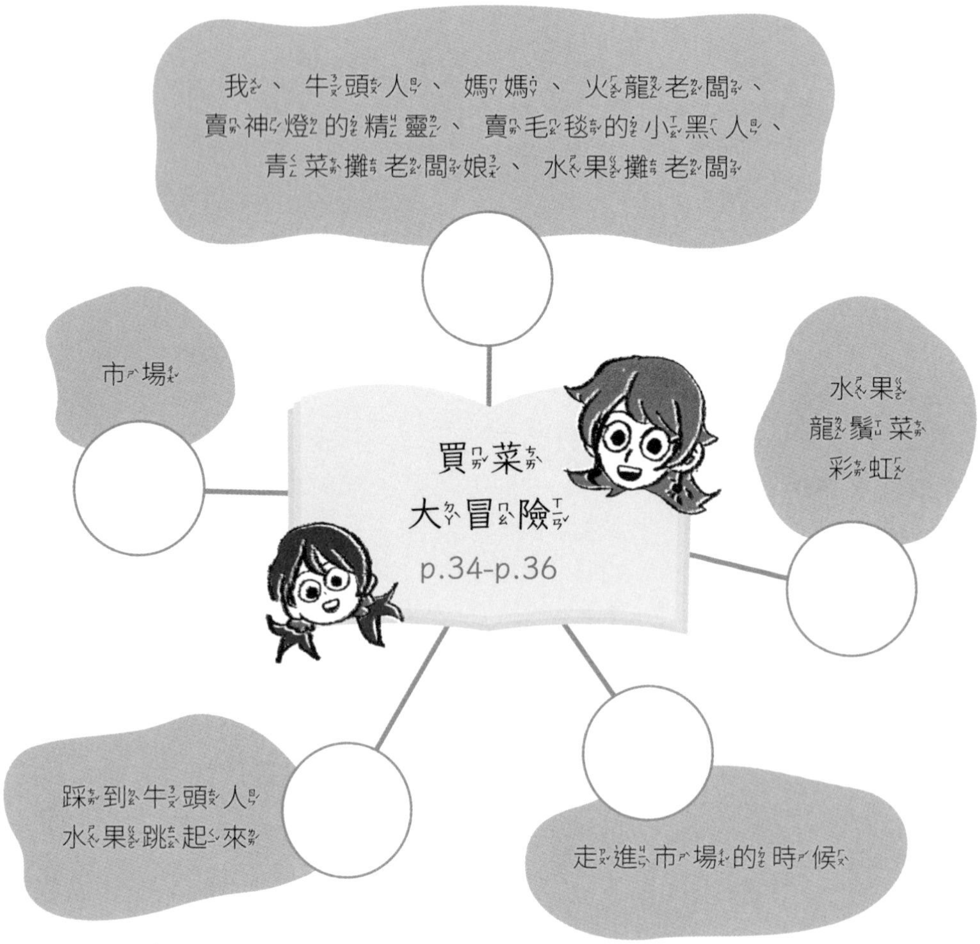

❷請你讀一讀下方的短文，並判斷文中的人、事、時、地、物分別為何？將答案填入空格中。

晚上，爸爸下班回家，一邊歡呼著彩虹蛋糕！生日禮物！一邊蹦蹦跳跳跑到餐桌旁。媽媽也開心的將蛋糕端上桌，和我一起祝爸爸生日快樂。

然而，桌上竟然是一個奶油蛋糕，爸爸發現後嘴角因為失望而垂了下來。就算媽媽強調奶油蛋糕才是世界上最好吃的蛋糕，爸爸仍無法接受，畢竟原本說好生日禮物是彩虹蛋糕。

我趕緊幫媽媽澄清，是因為買不到彩虹，想不到爸爸聽了反而皺起眉頭，不能理解彩虹蛋糕的原料怎麼會是彩虹？媽媽只好解釋，是材料比彩虹還難買的意思。

人 ______________________________

事 ______________________________

時 ______________________________

地 ______________________________

物 ______________________________

PART 3

延伸故事來寫作

你去過傳統菜市場或是大賣場嗎？ 找一天和爸爸媽媽到市場去採買， 再仔細觀察市場裡的人， 學一學這本書裡使用的對話技巧， 把市場的人和對話寫出來。

看過來！ 看過來！
早上新鮮採收的
青菜喔！

菜攤老闆

男 (女)

約 50 歲

特色

個頭矮小

嗓門宏亮

男 女

約＿＿＿＿歲

特色

男 女

約＿＿＿＿歲

特色

男 女

約＿＿＿＿歲

特色

生活大冒險系列

晒衣服大冒險

PART 1
閱讀策略讀故事

請從故事內文中，找一找「現實生活中不會發生的事情或景物」，將內容整理在表格中。

頁數	幻想對象	故事內文	畫一畫
P.26	公車站牌	公車站牌從地底下搖搖擺擺鑽出來。	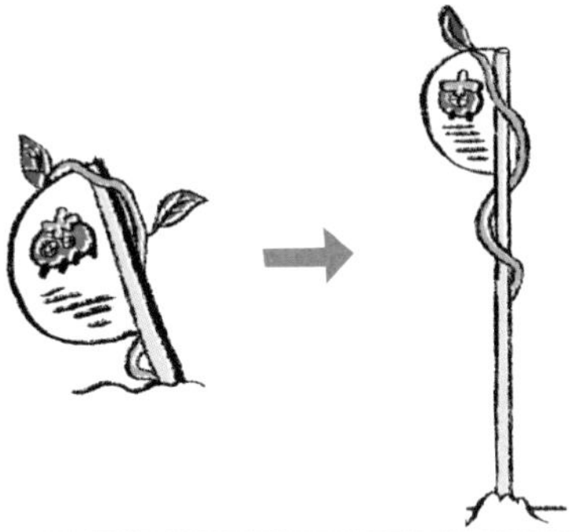
＿＿			
＿＿			

配合家長手冊第 64 頁，眞實魔幻大比拼。

PART 2

寫作技巧練習

請依照表格中的敘述進行改寫， 把真實情境變成有趣的幻想情節， 或者把幻想情節轉換成真實情境。

真實情境	幻想情節
等紅綠燈	路上有個大魔怪， 他有著三顆眼睛， 分別是紅、 黃、綠三種顏色。 當他把紅眼睛打開時， 大家都不敢動。
馬路上很多機車，騎過來騎過去。	
	便利商店的招牌伸出大手， 想把我抱進去吃冰淇淋。

依照題目，完成❶❷❸的任務：

❶ 請參考左邊情境圖，回到書中找一找，它是對應故事中哪一句話？（可自行在情境圖旁標示頁數）並圈出這句話中的動詞。

❷ 參考「溫老師五卡板」，想一想主角當下的情緒可能是什麼？

❸ 利用前面的動詞和情緒進行造句練習。

五卡板

情境圖	①對應文句	②當下的情緒	③造句練習
	媽媽牽著我，我牽著小狗，一起蹦蹦跳跳跑下樓。	期待	我每天最期待的事，就是和媽媽出門散步，因為媽媽總是會牽著我的手，帶我去吃好吃的下午茶。

PART 3

延伸故事來寫作

現在，讓我們學著書本的寫作方法，把放學的路變成一場魔法大冒險吧！請參考下方範例，在第 29 頁先畫出你的學校和家，再抽取三張附件中的「狀況事件卡」，並依照事件卡指定的情境，寫出你回家路上遇到的三個魔幻事件。

我在回家路上經過一間沒看過的超商，我停在店門口張望，想不到自動門突然張開血盆大口，長長的舌頭向我伸過來，我來不及防備，就被捲進裡面。

一股冰涼香甜的氣息向我襲來，我抬頭一看，是一支足足有兩層樓高的巨無霸霜淇淋，許多人已經爬上梯子，大口大口的吃了起來。

我咬下一口霜淇淋，突然感覺一陣頭暈，醒來時發現眼前出現了一扇門。「嘎～」的一聲，門突然打開，我從門外看見妹妹正坐在家裡的沙發上看著卡通。

請畫出學校

狀況事件卡①

狀況事件卡②

狀況事件卡③

請畫出自己的家

泡泡精靈 1

尋找魔力星星果

❶ 配合家長手冊第 70 頁，判斷遇到的考驗。
❷ 配合家長手冊第 71 頁，探究考驗事件與結果。

PART 1

閱讀策略讀故事

依照題目，完成❶❷的任務：

❶ 第一次讀《泡泡精靈1》的時候，請留意故事情節，當主角遇到考驗和阻撓時，將附件中的「考驗貼紙」貼在該頁任一處。

❷ 分段完成下方表格填空，順序如下：

- 考驗事件 & 事件結果：對照表格上的指定頁數，回到書中尋找「考驗事件」與「事件結果」的答案，完成空格處。
- 遇到的考驗：從「考驗事件」出發，判斷此考驗屬於「主角能力」、「對手出現」、「環境變化」三項考驗種類中的哪一項？
- 遇到考驗的情緒：搭配「溫老師五卡板」進行親子討論，想一想「遇到這樣的考驗，你會有什麼情緒？」

	P.7~8	P.34~37	P.42~50	P.56~67	P.80~81	P.90~93	P.96~103
考驗事件	泡泡飛船________。	列車長說票是假的把他們趕下車。	狐狸把他們三個人撞到________。	超級大的________撲飛下來。	前往獅子抖抖星的金色步道劇烈搖晃。	要爬上高高的________。	呼拉拉、呼魯魯搶走魔力星星果。
事件結果	泡泡智慧錶會記錄降落失敗，泡泡精靈會被扣分。	車窗玻璃消失，吸住他們的三顆________飛出車廂。	奶奶拿出________和________幫他們前往天鷹星。	波波撞到大膽的肚子，大膽大叫嚇走天鷹。	在最後一秒滾進獅子抖抖星。	拿到________。	呼拉拉、呼魯魯被________。
遇到的考驗	□主角能力 □對手出現 □環境變化	□主角能力 □對手出現 □環境變化	□主角能力 □對手出現 □環境變化	□主角能力 □對手出現 □環境變化	□主角能力 □對手出現 □環境變化	□主角能力 □對手出現 □環境變化	□主角能力 □對手出現 □環境變化
遇到考驗的情緒							

PART 2
寫作技巧練習

依照題目，完成❶❷的任務：

❶ 請判斷原本的考驗情節（藍色區塊），屬於三種考驗種類中的哪一種？

❷ 重新選擇考驗種類進行情節改編，並將答案填寫在下方粉色區塊中。

出發

❶

☐ 主角能力 ☐ 對手出現 ☐ 環境變化	☐ 主角能力 ☐ 對手出現 ☐ 環境變化	☐ 主角能力 ☐ 對手出現 ☐ 環境變化	☐ 主角能力 ☐ 對手出現 ☐ 環境變化	☐ 主角能力 ☐ 對手出現 ☐ 環境變化
泡泡飛船撞到樹。	狐狸把他們撞到狐狸星。	超級大的天鷹攻擊。	要爬上很高的摩天輪。	呼拉拉呼魯魯搶走星星果。

❷

☐ 主角能力 ☐ 對手出現 ☐ 環境變化	☐ 主角能力 ☐ 對手出現 ☐ 環境變化	☐ 主角能力 ☐ 對手出現 ☐ 環境變化	☐ 主角能力 ☐ 對手出現 ☐ 環境變化	☐ 主角能力 ☐ 對手出現 ☐ 環境變化
泡泡飛船偏離航道飛到瓜瓜星。				

拿到星星果

PART 3

延伸故事來寫作

原來在文章裡加入「考驗」和「幻想」，能讓內容變得更精采！請順應故事前後文，選擇一項考驗種類，延伸發想自己的「考驗事件」，完成文章接寫。

今天是母親節，我和爸爸想要給媽媽一個大驚喜。我們的計畫是幫媽媽做一頓超級美味的早餐。「你先幫忙烤吐司，我來負責煎蛋！」爸爸把工作分派給我。「烤吐司有什麼難呢？我絕對可以成功達陣！」我在心裡對自己說。我把吐司抹上奶油再放進烤箱……

考驗 1

- ☐ 主角能力
- ☐ 對手出現
- ☐ 環境變化

____

____

沒想到，這些味道把媽媽給引來了。「怎麼辦？怎麼辦？媽媽快發現我們的祕密了！」我們要怎麼轉移媽媽的注意力，才能讓她不要進到廚房呢？

考驗 2

- ☐ 主角能力
- ☐ 對手出現
- ☐ 環境變化

____

____

最後，我們把媽媽請進客廳，把我們準備的美味早餐端上桌，媽媽一邊吃著我們準備的早餐，一邊______________________________，全家一起過了一個難忘的節日。

海愛牛社區 2

歡迎光臨餓蘑島

配合家長手冊第 81 頁，我們這一班。

PART 1

閱讀策略讀故事

請回想故事內容，判斷這些話是哪個角色說的？將附件中的「角色貼紙 2」貼到相應空格中。配對完所有角色後，請參考五卡板，分析看看這個角色的性格是什麼？

阿正，你把吐司丟給牠（山豬），其他人準備跑。

性格

冷靜

聰慧

性格

我是海愛牛社區的好鼻師，誰家煮什麼好吃的，我一聞就知道。

該戰鬥就戰鬥，這才是人生，我擋住他們，你帶大家去營地求救。

性格

?

性格

讓我來，我可以用紫微斗數找路！

好可憐，牠們（山豬）好可憐。

?

性格

?

性格

有什麼事，立刻能找到我媽。

透過對話配對看看這是哪一位老師的介紹呢？利用附件的「角色貼紙 3」貼到相應的位置☐，並想一想這位老師的專長和性格為何？

名字 ____________

廚師兼司機，不行嗎？你再多嘴，我連你也丟下車。

專長 ____________

性格 ____________

名字 ____________

那人揮著雙手在背後求我，我不管，酷熱的沙漠地獄，不是你死就是我活。

專長 ____________

性格 ____________

名字 ____________

人生就是不停的戰鬥，只要你不投降，就不算失敗。

專長 ____________

性格 ____________

名字 ____________

我只懂動物，飼料說明書是我的童年讀物。

專長 ____________

性格 ____________

PART 2

寫作技巧練習

讀完這本書，我們可以整理出「邁向獨立三部曲」，第一步是「師長關心」，第二步是「朋友幫助」，第三步是「自己付出」。

下方表格已經整理出書中符合「邁向獨立三部曲」的事件，請參考右側的語詞表找出適合的語詞，填入空格裡，讓事件描述完整。

語詞表

格鬥	蘑菇	山洞	第一個
小猴子	蘑菇湯	珠珠	強盜
小紅帽	山豬	蒜頭	胖子主任

師長關心	跟我＿＿＿＿＿＿，勝利的就可以不用睡。 →	我來說＿＿＿＿＿＿的故事給你們聽。 →	讓＿＿＿＿＿＿＿＿逗大家玩。 →	幫大家煮＿＿＿＿＿，＿＿＿＿＿，讓大家喝了好好睡。
朋友幫助	我們被山豬追到山壁，大家跑過來一起採＿＿＿＿＿餵＿＿＿＿＿。 →	進了＿＿＿＿＿＿＿我們不由自主緊跟著走。 →	＿＿＿＿＿＿落在最後，我和＿＿＿＿＿＿去照顧她。 →	蒜頭要我和珠珠走，自己留下來對付＿＿＿＿＿＿＿＿＿。
自己付出	決定＿＿＿＿＿＿＿走進山洞裡。 →	豪氣的說自己要留下來對付強盜。 →	衝到營地找＿＿＿＿＿＿＿＿＿。 →	

PART 3

延伸故事來寫作

請你參考下方的問題引導，根據「邁向獨立三部曲」分享一項自己的學習經驗。

1 師長關心：你在學習這件事情的時候，哪個長輩幫助過你？他們做了什麼？說過什麼鼓勵的話？

我在學習＿＿＿＿＿＿＿＿的時候，＿＿＿＿＿＿給了我很多幫助，

他＿＿＿＿＿＿＿＿＿＿＿＿＿＿＿＿＿＿＿＿＿＿＿＿＿＿＿＿

＿＿＿＿＿＿＿＿＿＿＿＿＿＿＿＿＿＿＿＿＿＿＿＿＿＿＿＿＿。

2 朋友幫助：有哪些朋友幫助你？他們做了什麼？你有什麼感受？怎麼回應他們的幫忙？

除了＿＿＿＿＿＿＿＿之外，還有＿＿＿＿＿＿也提供我很多幫助，

他＿＿＿＿＿＿＿＿＿＿＿＿＿＿＿＿＿＿＿＿＿＿＿＿＿＿＿＿

＿＿＿＿＿＿＿＿＿＿＿＿＿＿＿＿＿＿＿＿＿＿＿＿＿＿＿＿＿。

3 自己付出：這件事情最後成功了嗎？你滿意自己的努力嗎？在學習這件事情時，你表現出什麼性格？

最後我＿＿＿＿＿＿＿＿＿＿＿＿＿＿＿＿＿＿＿＿＿＿＿＿＿＿＿

＿＿＿＿＿＿＿＿＿＿＿＿＿＿＿＿＿＿＿＿＿＿＿＿＿＿＿＿＿。

企鵝熱氣球

PART 1

閱讀策略讀故事

「敘述五要素」指的是人、事、時、地、物。請你把故事內容，整理在表格裡，寫完表格後，試試看在不讀《企鵝熱氣球》的情形下，自己照著表格的內容順序，把故事再說一遍。

坐上飛行號的順序。

誰要坐企鵝飛行號？

坐企鵝飛行號要做什麼？

他坐上企鵝飛行號飛到哪？

他的門票是什麼？

時	人	事	地	物
1	毛毛蟲	想看變成蝴蝶後會看到的世界	天空中	
2	小松鼠	送信給奶奶		
3	烏龜邀請動物們一起坐	欣賞夕陽下的風景		玫瑰花
4	螞蟻老師和一百隻螞蟻		天空中	
5		到天上找媽媽		
6	黑衣人夜先生	要看一看從來沒看過的太陽	夜空中	神奇的魔術
7		飛進萬花筒世界		一個萬花筒

PART 2

寫作技巧練習

❶ 從企鵝的行為，我們可以歸納出「助人四步驟」。請你依據「助人四步驟」完成下方表格填空：

企鵝怎麼做：翻開書中章節〈媽媽雲〉，分析企鵝是如何幫助小白馬？

我怎麼做：回顧自己過去的經驗，想一想別人要我幫忙時，我可以怎麼做？

助人四步驟	傾聽 對方的需求	評估 自己的能力	付出 實際的行動	關心 對方的滿意度
企鵝怎麼做	企鵝聽小白馬說： 「________ ________ ________」	企鵝對小白馬說： 「________ ________ ________」	企鵝說：「看一眼門票，就可以坐一次熱氣球。」就帶小白馬出發了。	熱氣球慢慢降落， ________， 踢踢踏踏跑進森林裡。
我怎麼做				

❷ 參考下列三個問題，運用四個「觀點句」總結心得，寫在下方空格裡。

- 助人四步驟中，你覺得企鵝在哪一個步驟做得最好，為什麼？
- 你認為這四個步驟中，哪個最重要，為什麼？
- 幫助別人的經驗帶給你什麼感受？

觀點句

我認為……　我相信……

我同意……　我的結論是……

____

____

____

PART 3

延伸故事來寫作

依照題目，完成❶❷的任務：

❶ 請你彩繪屬於自己的熱氣球，並幫它取名。

❷ 請從附件「人物貼紙」中選擇你喜歡的角色，貼在「遇到誰」的空格中。接著，從你對這個角色的認識出發，回答題目問題。

❶

❷

遇到誰？

他坐熱氣球的願望是？

門票是？

坐上熱氣球看到了什麼？

他的情緒？

遇到誰？

他坐熱氣球的願望是？

門票是？

坐上熱氣球看到了什麼？

他的情緒？

湖邊故事

配合家長手冊第 103 頁，七兄弟背景大尋奇。

PART 1

閱讀策略讀故事

這本書裡的七個兄弟，每個人都有自己的性格特點，請打開《湖邊故事》找到每個人的相關訊息，並參考溫老師五卡板中的性格語詞，完成七兄弟的名片設計。

老大 噗噗

湖神說他 天上飛

性格 勇敢

特點 膽子很大

做的事 駕著蒲公英一號起飛

老二

湖神說他

性格

特點

做的事

老三

湖神說他

性格

特點

做的事

老四

湖神說他

性格

特點

做的事

老五

湖神說他

性格

特點

做的事

老六

湖神說他

性格

特點

做的事

老七

湖神說他

性格

特點

做的事

咚咚是一個與生俱來的發明家，請你回到書中找一找，咚咚發明過哪些東西？把它畫下來。接著，寫出這個東西有什麼功能？這個功能類似我們現實生活中使用的什麼工具呢？

蒲公英一號

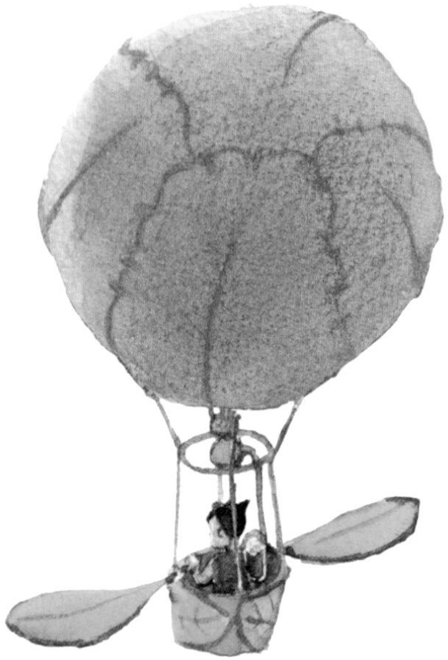

有什麼功能：

類似的工具：

有什麼功能：

類似的工具：

有什麼功能：

類似的工具：

配合家長手冊第 105 頁，我的觀察日記。

PART 2

寫作技巧練習

1 七兄弟從出生到長大的故事，都發生在一個無人察覺的小湖邊。你是否曾留心觀察過身邊的事物呢？沒有的話，請找一天和爸媽去公園，練習從視覺、聽覺、嗅覺、觸覺觀察周遭事物，並將結果記錄下來。

最吸引你的是什麼？ ______

這裡可以看到什麼事物？ ______

閉上眼睛，可以聽到什麼？ ______

這些聲音聽起來像什麼？ ______

他們正在做什麼呢？ ______

我可以聞到什麼味道？ ______

我可以觸摸到什麼？ ______

這些東西摸起來的感覺？ ______

這些味道讓你的心情變得如何？ ______

這時你心裡在想？ ______

2 請將上述的觀察記錄轉換成心得。動筆前，可以先參考右邊的動詞和形容詞表，以及「溫老師五卡板」的情緒、性格語詞，靈活運用，組織文章更輕鬆唷！

動詞		形容詞	
觀察	欣賞	輕柔的	鮮豔的
聆聽	抬頭	美妙的	新鮮的
呼吸	感受	清亮的	神奇的
揮動	踩動	平靜的	微微的

______

______

______

PART 3

延伸故事來寫作

身邊不起眼的事物，說不定都藏著驚人的祕密呢！例如，每當夜晚來臨，書包裡的文具都動了起來！想一想，它們各有什麼樣的性格？再從角色性格出發，想想看它們聚在一起的時候，都會聊些什麼？並完成下方表格內的敘述。（本活動請搭配附件「文具角色貼紙」。）

性格：

性格：

性格：

性格：

小兒子 1

爸爸是夜晚暴食龍

❶ 配合家長手冊第 113 頁，分析「爸爸的不完美事件」。
❷ 配合家長手冊第 115 頁，情緒性格比一比。

PART 1

閱讀策略讀故事

依照題目，完成❶❷的任務：

❶ 爸爸的不完美事件：請參考表格上的事件順序，回到書中找出爸爸在每個章節發生的不完美事件。

❷ 阿甯咕的感受 & 爸爸的性格：拿出「溫老師五卡板」，想一想如果你是阿甯咕，看見爸爸做這些事情會有什麼情緒感受？而爸爸在這些事件中展現出什麼性格？

事件	①爸爸的不完美事件	②阿甯咕的感受（五卡板）	②爸爸的性格（五卡板）
爸爸的偉大發明	用兔兔制度使喚小孩		
快點！垃圾車要走了			
天空不會一直下鳥屎			
爸爸是夜晚暴食龍			
莫名其妙的世界末日			
亂蓋奇俠第一名			
阿月子小吃店			

PART 2

寫作技巧練習

這次活動， 我們要搭配附件「性格特質翻翻牌」，試著從正面視角重新看待爸爸的不完美事件。 步驟如下：

1. 請你從卡牌的紅色面中， 找出阿甯咕爸爸可能有的不完美性格， 排在「爸爸的缺點」欄內。
2. 是什麼原因讓你認為阿甯咕的爸爸有這樣的性格？ 請寫在「缺點事件」中。
3. 將卡片翻到藍色面， 看看這個不完美性格翻轉後會變成什麼優點性格？
4. 利用題目提供的觀點句， 對阿甯咕爸爸的優缺點發表評論。

依賴別人

缺點事件

爸爸還會打電話跟奶奶撒嬌說要吃紅燒茄子。

非常體貼

爸爸的缺點

缺點事件

翻轉後優點

爸爸的缺點

缺點事件

翻轉後優點

觀點句

我認為……　　我相信……

我同意……　　我喜歡……

我不同意……　　我的結論是……

我的評論

PART 3

延伸故事來寫作

讓我們練習使用「性格特質翻翻牌」與「轉折句型」，為爸爸的不完美平反吧！ 步驟如下：

1. 找一找性格特質翻翻牌中， 哪些缺點性格是爸爸曾展現過的？ 並說明這項不完美事件為何。
2. 將卡牌翻面， 看一看相應的優點為何？ 並選擇一種轉折句型， 進行優點事件寫作。
3. 最後， 不要忘了在最下面為你獨一無二的爸爸， 寫下文章總結。

轉折句型

雖然……卻	其實……
不過……	但是……
反而……	可是……
沒想到……	

不完美事件 → 優點事件

不完美事件 → 優點事件

總而言之， 我爸爸是世界上獨一無二的人， 沒有人比他更偉大，

只要他＿＿＿＿＿＿＿＿＿＿＿＿＿＿＿＿， 我會更愛他。

我家系列 4

我家蓋了新房子

PART 1

閱讀策略讀故事

讀一讀下面「故事內文摘錄」上的句子，這些句子都至少包含一種名詞、形容詞或動詞，請你動動腦進行兩種分類活動。

物件分類：根據第55頁中的簡便屋、桌子等物件圖片進行分類，把句中有該元素的選項填入相應空格中。

詞性分類：下列句中，粉紅色的語詞為名詞，藍色為形容詞，橘色為動詞，請將已被標註好詞性的語詞，填入第55頁「語詞百寶箱」的空格中。

故事內文摘錄

A 房子造型很簡單，斜斜的屋頂，裡面小小的剛好放一張大床和一張單人床。

B 剛好可以在院子最遠的角落蓋一間簡便活動屋。

C 簡便屋有固定的規格，必須受限於手上的材料。

D 客廳是我們的遊戲間，有自製的玩具和舊書攤買回來的書。

E 桌面能往上掀，下面是抽屜，非常實用又新穎的造型。

F 隔年母親特別幫我縫製了女生喜歡的，有荷葉邊的窗簾。

G 沙發椅是那個年代少有的沙發床，晚上拉開就可以擠好幾個人。

H 由父親負責整個建造過程，大哥和二哥是主力工人。

I 回家看到被布置得煥然一新又夢幻的房間，真是驚喜。

J 牆壁上還貼了從野外撿回來的樹葉當裝飾。

K 母親細細彩繪頗有異國風味圖案的帆布窗簾。

L 母親也利用一些廢棄的木料來雕刻，再由父親組合成桌子、茶几、置物架等。

M 簡便屋前後各有一個非常重的鐵窗，很不容易安裝。

N 臥室是一排抽象幾何造型的美女，客廳的牆面是大樹圍繞。

簡便屋

B C M

桌子

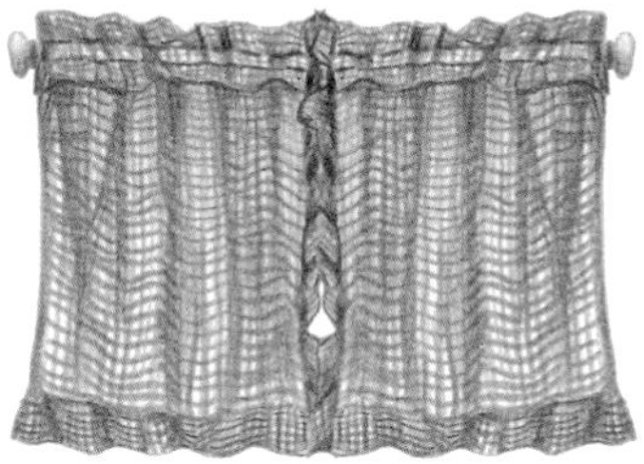

窗簾

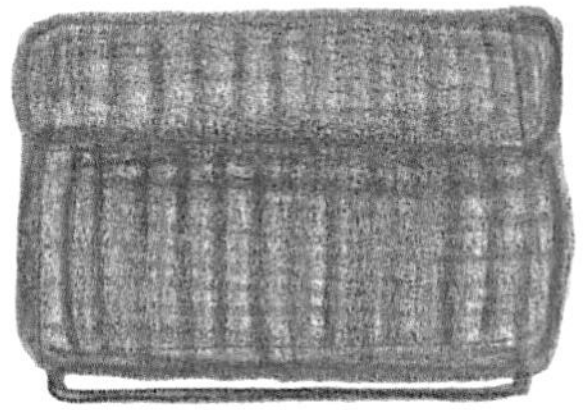

沙發

語詞百寶箱

名詞		形容詞		動詞	
造型					

PART 2
寫作技巧練習

請對照右邊「關聯句型」表格中的選項，試著完成下方「故事內文」的關聯句型填空。

若是解題遇到困難，也可以根據「章節」與「圖片」線索，回到書中尋找答案唷！

關聯句型

先……再……最後……	一邊……一邊……	不只是這樣……
也是……有……和……	事實上，如果……	愈來愈……
因為……可以……	除了……之外……	

章節	圖片	故事內文
1 好舊的新家		客廳______我們的遊戲間，______自製的玩具______從舊書攤買回來的書。
2 第一間新房子		______這裡是我們小朋友自己的天地，我和哥哥們______盡情發明自己的遊戲，二哥還曾教我假裝成貓頭鷹，蹲在床頭的欄杆上假裝睡覺。
3 第二間新房子		媽媽通常會拿個椅子坐在我或二哥旁邊，______做著什麼事，______監督我們，只有大哥從來不用媽媽操心。
4 第三間新房子		______地基打歪了，接下來的骨架就會喬不攏、組不起來，所以每一個步驟影響了下個步驟，馬虎不得。
5 新屋完工正式啟用		______我的小房子是水泥屋______，後來蓋的簡便屋都是鐵骨木板房子，所以蓋好後的第一件工作就是油漆。
6 房子舊創意新		______，對美感要求嚴格的母親無法忍受牆面常常斑駁泛黃，就利用我們上美術課剩餘的顏料在牆上作畫。
7 風雨中的家		雖然幾次經驗以後，我們______知道怎麼樣保護房子，做好防颱措施，但一次又一次的淹水，總是損失慘重，也使我們非常疲累。

配合家長手冊第 126 頁，夢想中的房子。

PART 3

延伸故事來寫作

請畫出你夢想中的房子，並透過「寫作提問」中的問題引導，針對這間房子的外觀和功能進行描述。

過程中，請至少使用 6 個 PART1 語詞百寶箱中的語詞，和 4 個 PART2 學過的關聯句型。

寫作提問

1. 這間房子是用什麼材料建造的？
2. 從外面看起怎麼樣？
3. 走進裡面，有什麼特別的房間？
4. 在這間房子裡，你可以做什麼？
5. 住進這間房子，會有什麼感覺？

關聯句型

先……再……最後

也是……有……和……

因為……可以……

一邊……一邊……

事實上，如果……

除了……之外……

不只是這樣……

愈來愈……

解答

1 一個傻蛋賣香屁

Part1 閱讀策略讀故事 答案僅供參考

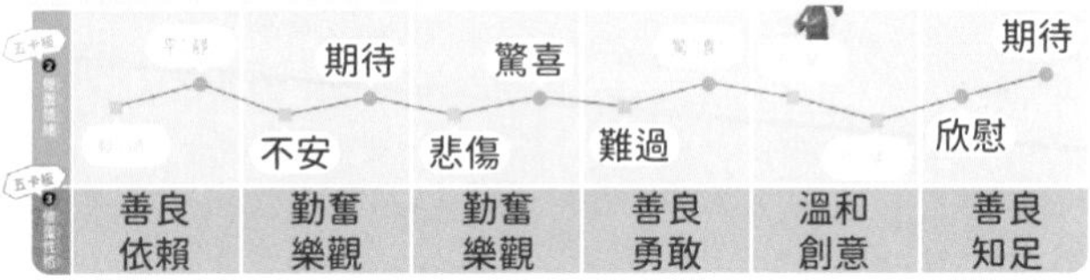

Part2 思辨評論寫心得

「必勝絕招」無標準答案，可自由發揮。
「思辨心得」請參考手冊範例。

Part3 延伸故事來寫作 請參考手冊範例

2 狐狸金杯

Part1 閱讀策略讀故事 性格答案僅供參考

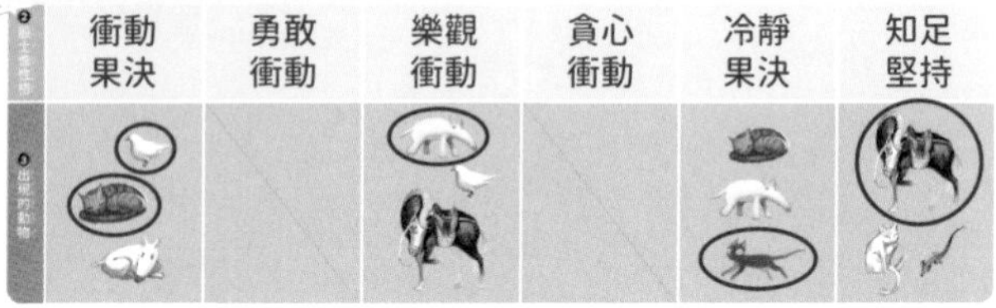

Part2 思辨評論寫心得

表格無標準答案，可自由發揮。
「思辨心得」請參考手冊範例。

Part3 延伸故事來寫作 請參考手冊範例

3 機智白賊闖通關

Part1 閱讀策略讀故事

Part2 思辨評論寫心得

「機智白賊比一比」無標準答案，可自由發揮。
「思辨心得」請參考手冊範例。

Part3 延伸故事來寫作 請參考手冊範例

4 出雲石

Part1 閱讀策略讀故事

衝出家門請求老翁把出雲石還給他	4
雕刻精美的紫檀木底座，把石頭擺上去	1
花了兩貫錢把出雲石買回家	9
用錦緞包起出雲石，小心藏起來，從此不讓別人看	7
寧願死也不把出雲石交給尚書	8
在河邊等出雲石再度露出來	2
追查出雲石的下落，和賣石頭的人鬧上衙門	6
邢雲飛和出雲石一起長眠	10
把出雲石藏在隱密的書房	3
願意減三年壽命得到出雲石	5

Part2 思辨評論寫心得 請參考手冊範例

Part3 延伸故事來寫作 請參考手冊範例

生活大冒險系列：買菜大冒險

art1 閱讀策略讀故事

我一走進菜市場，就踩到一個[圖]的腳。我不好意思的向他道歉。[圖]一看到我，就知道我是魔法公主的孫女的孫女的孫女。好久沒有見到面的[圖]也探出頭來，向我和媽媽打招呼。[圖]問我和媽媽為什麼最近沒有來買菜。[圖]不知道我已經長這麼大了，他顯得有些驚訝。長得像獨角獸的[圖]熱情的向我們推銷他的水果。我看到水果攤裡的每顆水果都跳了起來，好像在跟我招手，要我選它回家。長得像高麗菜的[圖]也向媽媽揮手，推銷起她的龍鬚菜。媽媽沒有看那些像龍一樣浮在空中的龍鬚菜，反而問起[圖]是否有賣彩虹。

art2 寫作技巧練習

人：爸爸、媽媽、我

事：幫爸爸慶生

時：爸爸下班回家

地：餐桌旁

物：奶油蛋糕

art3 延伸故事來寫作　此題無標準答案，可自由發揮。

6 生活大冒險系列：晒衣服大冒險

Part1 閱讀策略讀故事

p.38	小狗「王子」	站在腳邊的小狗「王子」，突然大吼一聲，變成獅子。	請自由發揮
p.6	壞人	右眼看左耳，左眼看右耳，然後，把嘴巴鼓起來，發出『噗』一聲，被你噗的人就會打噴嚏。	

Part2 寫作技巧練習　「真實魔幻大比拼」無標準答案，可自由發揮。

爸爸打了三個大噴嚏，手上的那杯橘子汁，全部潑到他身上。	請自由發揮
天上的雲朵降了下來，上面站著一個閃閃發光的神。	
媽媽把白襯衫用竹竿晾在熱烘烘的火山口。	

Part3 延伸故事來寫作　此題無標準答案，可自由發揮。

7 泡泡精靈 1：尋找魔力星星果

Part1 閱讀策略讀故事　「遇到的考驗」與「遇到考驗的情緒」答案僅供參考

	P.7-8	P.34-37	P.42-50	P.56-67	P.80-81	P.90-93	P.96-103
	撞到樹		狐狸星	天鷹		摩天輪	
		銀光球	小饅頭 鑰匙			魔力 星星果	獅吼功 嚇走
	✔主角能力 ☐對手出現 ☐環境變化	☐主角能力 ☐對手出現 ✔環境變化	☐主角能力 ✔對手出現 ☐環境變化	☐主角能力 ✔對手出現 ☐環境變化	☐主角能力 ☐對手出現 ✔環境變化	✔主角能力 ☐對手出現 ☐環境變化	✔主角能力 ☐對手出現 ☐環境變化
	緊張 不安	委屈 害怕	興奮 感動	害怕 緊張	恐懼 不安	害怕 不安	自豪 滿意

Part2 寫作技巧練習　此題無標準答案，可自由發揮。

Part3 延伸故事來寫作　請參考手冊範例

8 海愛牛社區 2：歡迎光臨餓蘑島

Part1 閱讀策略讀故事　「性格」與「專長」答案僅供參考

阿正，你把吐司丟給牠（山豬），其他人快準備跑。
性格：冷靜 聰慧

我是海愛牛社區的好鼻師，誰家煮什麼好吃的，我一聞就知道。
性格：樂觀 勇敢

跟敵鬥就敵鬥，這才是人生，我擋住他們，你帶大家去警地求救。
性格：勇敢 果決

讓我來，我可以用紫微斗數找路！
性格：自信 創意

好可憐，牠們（山豬）好可憐。
性格：懦弱 善良

有什麼事，立即能找到我媽。
性格：聰慧 依賴

名字：胖大娘
廚師兼司機，不行嗎？你再多嘴，我讓你也要下車。
專長：駕駛、煮飯
性格：浮躁

名字：白髮爺爺
那人揮著雙手在背後求我，我不管，酷熱的沙漠地獄，不是你死就是我活。
專長：野外求生
性格：自私

名字：短髮姐姐
人生總是不停的戰鬥，只要你不投降，就不算失敗。
專長：生死格鬥
性格：勇敢

名字：眼鏡叔叔
我只懂動物，飼料說明書是我的童年讀物。
專長：動物研究
性格：溫和

Part2 寫作技巧練習

	跟我格鬥，勝利的就可以不用睡。	我來說小紅帽的故事給你們聽。	讓小猴子逗大家玩。	幫大家煮蘑菇湯，大家喝了好好睡。
	我們被山豬追到山壁，大家跑過來一起採蘑菇餵山豬	進了山洞我們不由自主緊跟著走。	珠珠落在最後，我和蒜頭去照顧她。	蒜頭要我和珠珠走，自己留下來對付強盜。
	決定第一個走進山洞裡。	豪氣的說自己要留下來對付強盜。	衝到營地找胖子主任	

Part3 延伸故事來寫作　請參考手冊範例

9 企鵝熱氣球

Part1 閱讀策略讀故事

時	人	事	地	物
1	毛毛蟲	想看看變成蝴蝶後會看到的世界	天空中	楓葉、樟樹葉、榕樹葉
2	小松鼠	送信給奶奶	奶奶的家	一封信
3	烏龜邀請動物們一起坐	欣賞夕陽下的風景	夕陽裡	玫瑰花
4	螞蟻老師和一百隻螞蟻	帶螞蟻互外教學	天空中	螞蟻的吻
5	小白馬	到天上找媽媽	飛到藍天上	小白馬和媽媽的照片
6	黑衣人夜先生	要看一看從來沒看過的太陽	夜空中	神奇的魔術
7	小螃蟹	飛進萬花筒世界	在陽光中間	一個萬花筒

Part2 寫作技巧練習 請參考手冊範例

Part3 延伸故事來寫作 請參考手冊範例

10 湖邊故事

Part1 閱讀策略讀故事 「性格」答案僅供參考

老大 噗噗
湖神說他 天上飛
性格 勇敢
特點 膽子很大
做的事 駕著蒲公英一號起飛

老二 通通
湖神說他 水上走
性格 衝動
特點 脾氣不太好
做的事 開著小船往湖心衝

老三 查查
湖神說他 海底游
性格 冷靜
特點 很沉默
做的事 戴著潛水面罩潛進湖底發現小船

老四 咚咚
湖神說他 是大頭
性格 聰慧
特點 特別聰明
做的事 發明蒲公英一號和改裝小船

老五 可可
湖神說他 黑漆漆
性格 聰慧
特點 有耐心手靈巧
做的事 按照設計圖組裝裝置

老六 咻咻
湖神說他 一身油
性格 勇敢
特點 力大無比
做的事 把種子搗出油

老七 達達
湖神說他 獨自走
性格 自制
特點 常常自己一個人
做的事 不跟哥哥們做一樣的事

蒲公英一號

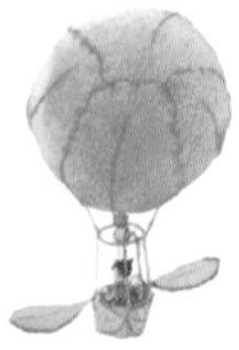

有什麼功能：
飛行、載人
像什麼工具：
熱氣球

請自由發揮

有什麼功能：
像什麼工具：

有什麼功能：
像什麼工具：

Part2 寫作技巧練習 請參考手冊範例

Part3 延伸故事來寫作 請參考手冊範例

11 小兒子 1：爸爸是夜晚暴食龍

Part1 閱讀策略讀故事 「情緒」與「性格」答案僅供參考。

事件	①爸爸的不完美事件	五卡板 ②阿鬧咕的感受	五卡板 ②爸爸的性格
爸爸的偉大發明	用兔兔制度使喚小孩	煩悶	任性
快點！垃圾車要走了	記錯垃圾車的時間	丟臉	愚蠢
天空不會一直下鳥屎	迷信中獎一下子買了 12 瓶黑覺醒	無奈	衝動
爸爸是夜晚暴食龍	夢遊時像個小孩子	無奈	任性
莫名其妙的世界末日	不會換電燈、不換褲子也不整理書房	失望	懶散
亂蓋奇俠第一名	跟計程車司機瞎扯，而且越扯越離譜	無奈	驕傲
阿月子小吃店	吃素時偷喝老闆用內臟熬的湯	丟臉	任性

Part2 寫作技巧練習 請參考手冊範例

Part3 延伸故事來寫作 請參考手冊範例

12 我家系列 4：我家蓋了新房子

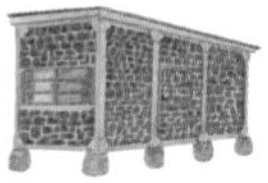

簡便屋

B C M
H

桌子

E L

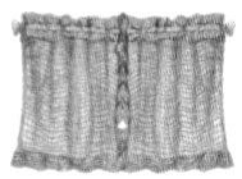

窗簾

F K

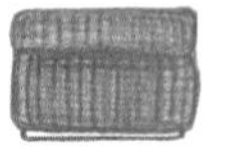

沙發

G

語詞百寶箱

名詞		形容詞		動詞	
造型	床	斜斜的	小小的	買回來	縫製
材料	窗簾	最遠的	固定的	建造	布置
裝飾	桌子	自製的	實用又新穎的	撿回來	彩繪
茶几	置物架	有荷葉邊的	少有的	雕刻	組合
鐵窗	牆面	夢幻的	廢棄的	安裝	圍繞

Part2 寫作技巧練習

1 好舊的新家：也是……有……和……
2 第一間新房子：因為……可以……
3 第二間新房子：一邊……一邊……
4 第三間新房子：事實上，如果……
5 新屋完工正式啟用：除了……之外……
6 房子舊創意新：不只是這樣……
7 風雨中的家：愈來愈……

Part3 延伸故事來寫作 請參考手冊範例

溫美玉的12堂讀寫趴 給孩子的學習本

作者｜溫美玉、魏瑛娟
插畫｜葉祐嘉、蔡其典、林芷蔚、草棉谷、蜜可魯、賴馬、童嘉、呂淑恂、李小逸、黃士銘、水腦

責任編輯｜黃雅妮、陳婕瑜　特約編輯｜廖之瑋　美術設計｜林子晴　行銷企劃｜高嘉吟

天下雜誌群創辦人｜殷允芃　董事長兼執行長｜何琦瑜
兒童產品事業群
副總經理｜林彥傑　研發總監｜黃雅妮　版權主任｜何晨瑋、黃微真

出版者｜親子天下股份有限公司　地址｜台北市 104 建國北路一段 96 號 4 樓
電話｜（02）2509-2800　傳真｜（02）2509-2462　網址｜www.parenting.com.tw
讀者服務專線｜（02）2662-0332　週一～週五：09:00~17:30
傳真｜（02）2662-6048　客服信箱｜parenting@cw.com.tw
法律顧問｜台英國際商務法律事務所・羅明通律師
製版印刷｜中原造像股份有限公司
總經銷｜大和圖書有限公司　電話：（02）8990-2588

出版日期｜2022 年 11 月第一版第一次印行
書號｜BKKTA043P　EAN｜4717211033401

訂購服務
親子天下 Shopping｜shopping.parenting.com.tw
海外・大量訂購｜parenting@cw.com.tw
書香花園｜台北市建國北路二段 6 巷 11 號　電話（02）2506-1635
劃撥帳號｜50331356　親子天下股份有限公司

立即購買 >
有聲故事書

溫老師五卡板

	類別 程度					
情緒	+4	痛快	幸福	自豪	感動	仰慕
	+3	驚喜	滿足	充實	甜蜜	陶醉
	+2	興奮	平靜	期待	欣慰	著迷
	+1	快樂	放鬆	安心	滿意	欣賞
	-1	失望	不安	煩悶	尷尬	矛盾
	-2	委屈	緊張	生氣	討厭	後悔
	-3	難過	害怕	憤怒	愧疚	丟臉
	-4	悲傷	恐懼	抓狂	震驚	無奈

性格	類別					
	正向	聰慧	勇敢	勤奮	熱情	善良
		冷靜	禮貌	果決	溫和	慷慨
		樂觀	獨立	自信	謹慎	體貼
		自制	謙虛	創意	知足	堅持
	負向	愚蠢	懦弱	懶散	冷酷	邪惡
		衝動	粗魯	畏縮	嚴厲	自私
		悲觀	依賴	自卑	草率	冷漠
		任性	驕傲	保守	貪心	浮躁

狀況事件卡

神明現身

動物變身

寶物出現

事物變形

自己變法

魔幻空間

性格特質翻翻牌

忘東忘西

使喚別人

沉迷一件事

不愛整理

動作慢

喜歡亂蓋

喜歡亂吃

喜歡耍賴

依賴別人

做事衝動

很愛哭

死不認錯

創造一個幻想的地方，進入這個地方後，會有不同的境遇。
比如：出現一道彩虹橋，可以直接走進雲朵裡。

靠主角自己的努力，突破困難。
比如：我用力邁開腳步，用盡吃奶的力氣往前跑。

把兩個物品相加，變成另一個新物品。
比如：考卷和巧克力相加，變成巧克力考卷，考卷的味道會隨著分數的高低變化。

發揮神奇功能的物品。
比如：出現一輛可以載人飛上天空的腳踏車。

放大動物的特殊能力。
比如：壁虎的長舌頭可以捲起一棟房子、螞蟻的蟻酸可以融化一個壞人。

出現一個擁有神奇力量的人來幫助你。
比如：菩薩顯靈，賜給孫悟空一瓶裝有神水的淨瓶。

個性隨和

做事專注

有領導力

天性善良

充滿創意

做人慷慨

愛交朋友

多方思考

很有自信

情緒豐富

有正義感

非常體貼